教皇フランシスコ
喜びと感謝のことば

山田經三
Keizo Yamada

明石書店

はじめに

教皇フランシスコは2013年3月、教皇に就任しました。それから約2年、その人柄や行いは、世界中のさまざまな人に感動を与え、また称賛されています。たとえば、教皇フランシスコの12の偉大な特徴として、

①質素、②謙遜、③貧しい人びとへの愛、④祈りの人、⑤決断する人、⑥知恵の人、⑦行動の人、⑧ゆるす人、⑨抜群のリーダー、⑩愛に満ちた人、⑪特別な宣教師、⑫人びとの成長を助ける権威主義でない権威の人

をあげている本もあります（"The Francis Factor a New Departure", 2014, The Columba Press)。

日本でも「『世直し』法王存在感――「格差是正」人気背に、米・キューバ仲介、中東に積極関与」という見出しで新聞の一面を飾るなど、高く評価されています（「毎日新聞」2014・12・27)。

教皇フランシスコについて私は、2013年12月に『教皇フランシスコ――「小さ

き人びと」に寄り添い、共に生きる』(明石書店)を刊行しました。本書はその続編にあたるものです。

本書を執筆するために教皇に関する多岐にわたる資料を収集しながら、教皇の素晴らしい人柄ゆえに、執筆はとても充実した楽しいものとなりました。

さきほど紹介した教皇フランシスコの12の偉大な特徴は実に福音の精神そのものであり、私たちとしては教皇の受難、十字架そしていのちへの道を共に歩み、全教会、全世界が体験している喜びと信頼の心をもって教皇フランシスコに従っていきたいと思っています。

本書を通して教皇フランシスコの真のメッセージ、姿、あり方をできるだけ多くの方々に知っていただき、その教皇の招きにできるだけ多くの人びとがこたえていくことができるようになれば、これにまさる喜びはありません。

⚜ 教皇フランシスコ　喜びと感謝のことば　◎もくじ

I

喜びましょう

II 祈りましょう

III 分かち合いましょう

IV 歩み出しましょう

聖書の引用は日本聖書協会『聖書 新共同訳』によりました。
本文中の写真は *Jesuits: Yearbook of the Society of Jesus 2014*, the General Curia of the Society of Jesus, 2013 より転載。

I　喜びましょう

Message

1.

共に生き、
生かされること

前に進みなさい、
一人だけでなく、
隣人と共に。

2014年7月、アルゼンチンの週刊誌『ヴィバ』の中で、教皇フランシスコは人びとにより大きな人生の喜びをもたらす10の秘訣を発表しました。それは次のとおりです。

1 「共に生き、生かされること」
2 「隣人のために寛大であること」
3 「落ち着き深みのある人生を歩むこと」
4 「よく休むこと」
5 「日曜日は休息のときである」
6 「創造的な方法で、若者に意義ある仕事を考え出すこと」
7 「自然を敬い慈しみなさい」
8 「消極的になるな」
9 「人を改宗させようとするな」
10 「平和の道具となれ」

この章では、10の秘訣の中から8つを取り上げ、私の経験と重ね合わせながら、教皇が伝えようとしたメッセージを解説していきます。

その最初が「共に生き、生かされること」です。これに関連して、教皇はローマの次のような格言を引用しています。

「前に進みなさい、一人だけでなく、隣人と共に」

私自身、日々の経験から次のようなことに気づくのです。

私は実に多くの人びとに大事にされ、愛されています。たとえ私にたくさんの欠点や弱さがあり、人に迷惑をかけたり失望させたりすることがあってもです。

こう考えると、私は自然に自己中心的な生き方を改め、信頼と喜びをもって前進することができるようになり、いつしか私は生かされ、積極的に人びとやものごとに関わり、取り組めるようになるのです。

聖書のことば

愛は忍耐強い。愛は情け深い。ねたまない。愛は自慢せず、高ぶらない。自分の利益を求めず……すべてを望み、すべてに耐える。愛は決して滅びない。

（コリント1：13：4―8）


あなたがたは神に選ばれ、聖なる者とされ、愛されているのですから、憐れみの心、慈愛、謙遜、柔和、寛容を身に着けなさい。互いに忍び合い、責めるべきことがあっても、赦し合いなさい……愛は、すべてを完成させるきずなです。

（コロサイ：3：12―14）


わたしがあなたがたを愛したように、互いに愛し合いなさい。これがわたしの掟である。

（ヨハネ：15：12）

Message

2.

隣人のために
寛大であること

人は隣人に心を開き寛容でなければなりません。自分のカラに引きこもっている人は、流れない水が腐って悪臭をただよわすように自己中心的な人となる危険があります。

イエスの「よいサマリア人」のたとえ（ルカ：10：30―32）が自分の心にしみこんでくるのを感じます。しかもそれはサマリア人の行いではなく、むしろその前に倒れている被害者の反対側の道を歩いていた祭司、レビ人に自分が重なります。

ものごとが自分の思い通りにいかないと不満ばかり言い、イライラ短気を起こす自分を発見するのです。他人に対しては、ちょうどイエスが言うように（マタイ：7：3－4）、自分の目の中にある丸太が見えず、他人の目にあるオガクズだけを見、それが気になって裁いてしまうことがしばしばです。

どうしてそうなってしまうのでしょうか。それはいつも自分のカラに閉じこもって、周囲が暗く、ゆううつになっているからです。

ところが己の弱さや駄目さにもかかわらず他人から親切にされ大切にされると、自分に変化が現れ、明るく元気になり、人のことを親身になって考えられるようになり、ものごとを前向きにとらえられるようになります。

私は自分が変わる体験を30年以上も働いている場で得ることができました。それが故・白柳誠一枢機卿のご依頼で参加するようになった「世界宗教者平和会議」(WCRP: World Conference of Religion for Peace) であり、その一部門である「平和研究所」です。

毎月3時間あまり集まって世界の平和や人権などの諸問題を討議する諸宗教対話・協力の場です。私はこの参加を通して仏教、神道、イスラーム、立正佼成会、聖公会など他の宗教を奉ずる人びとから実に多くのこと、とくに他者に対する寛容さを学ぶことができました。欧米はキリスト教、ユダヤ教、イスラームなど、どちらかと言えば一神教で他宗教に対して排他的で独善的なところがあります。それに比べ、日本は他者に対する寛容さに優れていると言えるでしょう。この宝を世界に発信する役割と使命を担っていきたいと思います。

聖書のことば

信仰と、希望と、愛、この三つは、いつまでも残る。その中で最も大いなるものは、愛である。

（コリント1：13：13）


主はその腕で力を振るい、思い上がる者を打ち散らし、権力ある者をその座から引き降ろし、身分の低い者を高く上げ、飢えた人を良い物で満たし、富める者を空腹のまま追い返されます。その僕イスラエルを受け入れて、憐れみをお忘れになりません。

（ルカ：1：51―54）


互いに愛し合いなさい。これがわたしの命令である。

（ヨハネ：15：17）

Message

3.

落ち着き深みのある人生を送ること

若い時は自分で拾える石ころが
たくさんある小さな流れ、
大人の時は流れの速い川。
老人の時は、流れはあるが、
ゆっくりと落ち着いた流れでした。
ちょうど深い淵の流れのように。

教皇は、アルゼンチンの作家リカルド・ギラルデスの本の主人公、ガウチョのドン・セグンド・ソンブラが自らの人生をふり返って言ったことばを紹介しています。それが右ページのメッセージです。

教皇は深く大きな淵のイメージを好みました。なぜならそこに隣人を想う心と謙遜、そして人生の深い穏やかさを観たからです。

先に紹介した「共に生き、生かされること」「隣人のために寛大であること」のためには、「落ち着き深みのある人生を送ること」が大切であると痛感します。どんなことが起こっても、あせらずじっくりと腰をすえて取り組むことが大事なのです。そうすることで心も体も解放され、そこから生じる喜びをもって人に仕えることができるようになります。

「落ち着き深みのある人生」を私はわずかながらもいろいろな機会に体験することができました。たとえば、次のような時です。

1　広島長束の修練院の小さな聖堂で修練者の私が一人静かに祈っている時

2　広島学院で中学生たちにカトリック要理研究クラスでキリストの愛について教える前に、聖堂で祈っている時

3　上智大学で教授として教える講義を終え静かに一人でキャンパスにあるS・J・ハウスの庭をゆっくり歩きながら祈っている時

4　秦野の上智短大で7年間働いていた際、一人静かに聖堂で祈っている時

このように祈り（神との対話）の時にはいつも、教皇のことば通り、落ち着いて深い人生の一端を味わうことができます。それは、祈りが心身にとっての安らぎ、休みとなり、さらなる活動の原動力の泉となっているからにほかなりません。これは人生に欠かせない力です。

聖書のことば

疲れた者、重荷を負う者は、だれでもわたしのもとに来なさい。休ませてあげよう。わたしは柔和で謙遜な者だから、わたしの軛《くびき》を負い、わたしに学びなさい。そうすれば、あなたがたは安らぎを得られる。わたしの軛は負いやすく、わたしの荷は軽いからである。

（マタイ：11：28—30）

わたしは主に望みをおき　わたしの魂は望みをおき　御言葉を待ち望みます。
わたしの魂は主を待ち望みます　見張りが朝を待つにもまして　見張りが朝を
待つにもまして。

（詩編130：5—6）

Message

4.
創造的な方法で若者に意義ある仕事を考え出すこと

私たちは若者のためにできるだけ知恵を絞って、意義のある仕事を創るべきです。
そうでなければ若者はドラッグに走り自らの生命を絶つ危険があります。

私は2002年の春、東ティモール国連暫定政府から国の憲法作成に携わってほしいとの要請に応え、日本のイエズス会管区長から派遣されました。そういうことで、私はカトリックの宣教師として3年半を東ティモールで過ごしました。

その期間、私は憲法作成の仕事のほかに、トイレづくり、動物の飼育、灌漑工事、井戸掘りなど、じつにさまざまな仕事を創り出し、多くの若者に働く機会を与えることができました。

若者をはじめたくさんの人びとが生き生きと喜んで働く姿を見て、私は共に働きながら嬉しくてしかたがありませんでした。もし仕事がなければ、貧しいかれらは一日中所在なく道ばたに寝そべっているか、ニワトリやブタ、犬とたわむれて時をやり過ごすしかなかったからです。

聖書のことば

あなたがたが怠け者とならず、信仰と忍耐とによって、約束されたものを受け継ぐ人たちを見倣う者になってほしいのです。

（ヘブライ：6：12）

5.
消極的になるな！
つねに積極的であること

隣人を悪く言う人は自尊心がない。
これは自分が落ちこんでいる時に
積極的に自分を引き上げる努力を
するよりも隣人を貶める方が
たやすいからです。

広島学院で中高生を2年間教えた時も、上智大学で大学生を30年間教えた過程でも、学生たちの弱さ、欠点を気にせずむしろかれらのよいところや長所を見つけ、掘り起こし、引き上げるようにする時、必ずよい成果が生まれました。そうすると、かれらはしだいに積極的になり、前向きになり、自分のよいところを発揮するようになります。

私自身も、いつもプラス思考で人びとやものごとをとらえました。性格からしてこの体験は貴重で、いつの間にか自らが積極的に前進しているその明るさに気がつきました。

しかしこのふるまいが単にその場だけの空気を読む「調子のよい」ことにならぬように注意する必要もあります。

聖書のことば

愛する人たち、あなたがたに勧めます。いわば旅人であり、仮住まいの身なのですから、魂に戦いを挑む肉の欲を避けなさい。また、異教徒の間で立派に生活しなさい。そうすれば、彼らはあなたがたを悪人呼ばわりしてはいても、あなたがたの立派な行いをよく見て、訪れの日に神をあがめるようになります。

（ペトロ1：2：11―12）

Message

6.

自然を敬い慈しむこと

自然の衰退は今日私たちにとって
最大の危機です。
人間は自然を無差別に、
そして独善的に使用しています。
これは自らを破壊しているのではない
かと自らに問わなければなりません。

私は1974年から30年間、日本の公害輸出に反対するため、カトリック正義と平和協議会の一責任者として取り組みました。カトリック正義と平和協議会は1967年、教皇パウロ6世の呼びかけにより「正義と平和委員会」が設立され、日本では1974年から「カトリック正義と平和協議会」として、世界やアジアにおける社会正義と平和の実現のための活動をしています。

私が公害輸出反対の活動をするきっかけとなったのは、フィリッピン、ミンダナオ島カカヤン・デ・オロの住民たちからの要請に答えたからです。その要請とは、「日本からK社が来て、私たち漁師にとって最良のマカハラル湾を汚染してしまっているので反対してほしい」というものでした。

この活動を通して国内外の実に多くの方々と親しくなれたのは、問題の解決以上によい実りをもたらすものでした。

聖書のことば

主なる神が地と天を造られたとき、地上にはまだ野の木も、野の草も生えていなかった。主なる神が地上に雨をお送りにならなかったからである。また土を耕す人もいなかった。しかし、水が地下から湧き出て、土の面をすべて潤した。主なる神は、土（アダマ）の塵で人（アダム）を形づくり、その鼻に命の息を吹き入れられた。人はこうして生きる者となった。主なる神は、東の方のエデンの園を設け、自ら形づくった人をそこに置かれた。主なる神は、見るからに好ましく、食べるに良いものをもたらすあらゆる木を地に生えいでさせ、また園の中央には、命の木と善悪の知識の木を生えいでさせられた。

（創世記：2：4―9）

Message

7.

人の信じていることに敬意を払うこと

私が隣人と話す目的は隣人を改宗させるためと考えることは間違いです。各人が自分の信じているところを認めることから対話が始まるのです。教会は自らの魅力によって成長する、改宗を迫ることによってではありません。

十数年前、私はある宗教団体の方から、「私はカトリックに改宗したいのですが……」と相談されたことがあります。その時、私はこう答えました。

「いいえ、あなたは長年、ご自分の信仰に忠実に従って歩んでおられる。むしろその道をさらに歩み続けることがあなたの道だと思います」

私のこの返答は正解でした。なぜなら、その人はいまも誠実に自分の役割、使命を果たしているからです。

一方これとは反対に、失敗したこともあります。約50年前、私が教えていた広島学院の中学生の「宗教研究」の時間、カトリックについて説明している時のことです。

この時間には一人を除いてその学年の全員が出席していました。

私は参加していない学生に「どうして参加しないの?」と聞きました。すると彼は、「だって先生、これは自由参加でしょう。私は安芸門徒(仏教)ですから授業には出ません」と答えたのです。

ところがです。10年後、たまたま私が講演のために訪れた大阪枚方教会で、彼が信徒会会長を務めていたのです。

その他にも数多くの同じような体験がありますが、私はその過程でつくづく次のように考えました。

「人の思いと神の思いは何と違うことか」
「神の愛、慈しみは偉大だ。人間には計りしれないが」
「神さまはいつでもどこでも思いがけない所で働いておられる」

人の浅はかな思いではなく、神の偉大なご計画に沿って歩んでいきたいものです。

聖書のことば

……あなたがたは行って、……あなたがたに命じておいたことをすべて守るように教えなさい。わたしは世の終わりまでいつもあなたがたと共にいる。

（マタイ 28・19―20）

Message

8.

平和に対する道具となるよう務めること。つねに平和を実現するよう努めること

私たちは多くの戦争がある世界にいます。平和を心から叫ぶべきです。平和はしばしばただ静観することと理解されています。しかし平和は静観することではなく、たえず前向きに力強く求めていくべきものなのです。

私は神父になる前からずっと平和の問題と取り組んできました。具体的には、カトリック正義と平和協議会の一責任者として憲法9条に基づいて世界平和の建設に務めてきました。

現在は、世界宗教者平和会議の一員としても「平和研究所」一所員として平和建設に携わっています。

また、2002年には、東ティモールへの一宣教者として、国連暫定政府からの同国の平和憲法作成の依頼に応えることができました。

さらに、世界で特異な存在として有名な平和の国コスタリカ共和国の大統領と親しく交わりを持ち、軍隊のない同国のあり方にも若干関わることができました。

平和憲法9条を有する日本は、「9条に基づく平和」を全世界に向けて発信すべきです。

30年前、経営倫理学の国際会議が米国で開催された際、会議の終わりにメッセージを求められ、私は全員の前に立って次のように言いました。

「I have a dream!」

これはキング牧師の有名な演説の冒頭のことばで、会議に参加していた全員が私に注目するのがわかりました。そして続けてこう言ったのです。

「私にはJAPANという夢があります。すなわちJustice for all. Peace for all nationsです。『世界のすべての人びとに正義を、世界のすべての国々に平和があるように』という意味です。そのために貢献する国日本となることです。どうかそれが実現するように皆さまのご協力ご支援をお願いします」

すると全員が立ち上がって拍手で応えてくれました。

ここで、ヨハネ・パウロ2世とマザーテレサが「平和」に対する思いを述べた印象的なメッセージをご紹介しましょう。

1981年2月25日　教皇ヨハネ・パウロ2世は広島で平和アピールとなる平和宣言を行いました。

「戦争は人間のしわざです。戦争は人間の生命の破壊です。戦争は死です。この広島の町、この平和記念堂ほど強烈に、この真理を世界に訴えている場所はほかにありません。もはや切っても切れない対をなしている2つの町、日本の2つの町、広島と長崎は、『人間は信じられないほどの破壊ができる』ということの証として、存在する悲運を担った、世界に類いのない町です。この2つの町は、『戦争こそ、平和な世界をつくろうとする人間の努力を、いっさい無にする』と、将来の世代に向かって警告しつづける、現代にまたとない町として、永久にその名をとどめることでしょう。……過去をふり返ることは、将来に対する責任を担うことです」

「広島を考えることは、核戦争を拒否することです。広島を考えることは、平和に対しての責任をとることです。この町の人々の苦しみを思い返すことは、人間への信頼の回復、人間の善の行為の能力、人間の正義に関する自由な選択、廃墟を新たな出発点に転換する人間の決意を信じることにつながります」

そして、次はマザー・テレサのことばです。

沈黙が実を結ぶと　祈りが生まれます。
祈りが実を結ぶと　信仰が生まれます。
信仰が実を結ぶと　愛が生まれます。
愛が実を結ぶと　奉仕が生まれます。
奉仕が実を結ぶと　平和が生まれます。

聖書のことば

✣ ……彼らは剣を打ち直して鋤とし、槍を打ち直して鎌とする。国は国に向かって剣を上げず。もはや戦うことを学ばない。
（イザヤ：2：4）

✣ 平和を実現する人々は、幸いである。
（マタイ：5：9）

✣ ……神の武具を身に着けなさい。……真理を帯として腰に締め、正義を胸当てとして着け、平和の福音を告げる準備を履物としなさい。なおその上に、信仰を盾として取りなさい。……また、救いを兜としてかぶり、霊の剣、すなわち神の言葉を取りなさい。
（エフェソ：6：13―17）

II 祈りましょう

Message

1.

福音をのべ伝える喜び
「行け！」（マタイ：28）

中心となるのは主ただ一人です。主の恵みだけです。

主の弟子、友であることこそ私たちの喜びで、これに尽きるのです。

喜ぶことを恐れてはなりません。

主に人生の中心に入っていただいた時、自分から出て社会の周辺にまで赴き、福音をのべ伝えるよう招いていただく時、主はこの喜びを与えてくださるのです。

日々の生活において、その働き、仕事、宣教の最中につくづく痛感することがあります。計画が順調に進み、すべてがうまくいく時、いつの間にか驕り高ぶっている自分を発見するのです。一方、なにもかもがうまくいかず、失敗が続くと、すぐにイライラし、短気を起こし、自分の弱さや無力さにさいなまれ、自信を失ってしまいます。

ところが不思議なことに、そうした自分の限界の只中でこそ、神の強い力、聖霊の働きを体験します。こうして結局は、何事も神の恵みの賜物のおかげであることを悟らざるを得ないのです。

しかもこの体験は自分にとって大きな慰めの力であり、これからなすべきあらゆることの貴重な支えになっていることに気づきます。

これはまさに教皇フランシスコが強調しているように、

「自慢してはならない。すべての働きの中心は実にキリストご自身であって自分ではない」

という真実です。

そのことをわかったつもりでいても、われわれ弱い人間はいつの間にか驕慢になってしまいます。

そういう日常の、普段のひとつひとつの出来事、仕事を通して、少しずつですがこの真理が自分の身につき、前進していくもののように思う今日この頃です。

聖書のことば

イエスは、近寄って来て言われた。「……すべての民をわたしの弟子にしなさい。彼らに父と子と聖霊の名によって洗礼を授け、あなたがたに命じておいたことをすべて守るように教えなさい。わたしは世の終わりまで、いつもあなたがたと共にいる。」

（マタイ：28：18―20）

Message

2.

よいサマリア人

神はすべての人に対してつねに
裁きではなくあわれみを望まれます。
神は私たち皆にあわれみ深いこころを
与えてくださる。
サマリア人はまさにこのあわれみの心
を実践しました。

私は子供の時から「よいサマリア人」のたとえ話が好きでした（ルカ：10：25―42）。しかし私は、自分が大学生の頃から「よいサマリア人」とは正反対の、どちらかといえば道の反対側を通ってあえて半死半生の被害者には近づかない者であることに気づき、いつも反省するのでした。「他人の問題に巻き込まれたくない」という心が優先するからでした。

なぜそうなのでしょう？　答えは簡単です。私自身が自分を大事にしたいからです。

ではどのようにしたらよいサマリア人のようになれるのでしょうか。

右で教皇フランシスコが指摘している通り、まず、神がどれほどあわれみ深い方であるか、しかもそれは私にだけではなくすべての人に対してあわれみ深い方であることをよく理解し、心で、身体全体で体得し、悟ることです。

幸い、最近になってようやく、それに少しずつですが近づき始めていると思う反面、まだまだであることも感じざるを得ません。

聖堂や自分の部屋で祈っている時、「敵を愛しなさい」という主のみことばの実践にはほど遠い自分を発見しますが、主イエスのこの掟を本当に実践できるようにと切に祈っている毎日です。

これが実行できてはじめて自分もどうにかよいサマリア人になれると思うのです。しかもそれは自分の何かによるのではなく、あくまでも主から無償に与えられる恵み、賜の力によってはじめて為し得ることだということを強く感じます。

聖霊来て下さい、主よ、どうかよろしくお願いいたします。

聖書のことば

イエスはお答えになった。「ある人がエルサレムからエリコへ下って行く途中、追いはぎに襲われた。追いはぎはその人の服をはぎ取り、殴りつけ、半殺しにしたまま立ち去った。ある祭司がたまたまその道を下って来たが、その人を見ると、道の向こう側を通って行った。同じように、レビ人もその場所にやって来たが、その人を見ると、道の向こう側を通って行った。ところが、旅をしていたあるサマリア人は、そばに来ると、その人を見て憐れに思い、近寄って傷に油とぶどう酒を注ぎ、包帯をして、自分のろばに乗せ、宿屋に連れて行って介抱した……。さて、あなたはこの三人の中で、だれが追いはぎに襲われた人の隣人になったと思うか。」律法の専門家は言った。「その人を助けた人です。」そこで、イエスは言われた。「行って、あなたも同じようにしなさい。」

（ルカ：10：30—37）

Message

3.

マルタとマリア

この二人の態度、すなわち祈りともてなしはキリスト教的生活にとって、共に不可欠の要素です。これらは切り離すことなく一致と調和のうちに実践すべきことがらです。

聖ベネディクト（480～547年頃）は「祈りかつ働け」と要約してこれを示しました。

主との深い友愛から神のあわれみの業の力が生まれ、他の人々に対して神の愛を実践することができるのです。

私は学生の頃からマルタとマリアの話が好きでした（ルカ：10：41―42）。他の人々はこの解釈として、「マリアがマルタよりすぐれている。つまり私たちがあまりに活動にあくせくするよりも一人部屋にこもって祈る方がよいのだ」と言っていましたが、私は、「そうではない。両方とも重要なのだ」と考えていました。今はその確信がさらに強くなっています。その意味で、教皇フランシスコのことばは私にとって慰めとなりました。

いろいろな苦しみを背負い、悩み、孤立して四面楚歌の状態にある人々、とりわけ貧しい兄弟姉妹のために働き、あわれみの業のうちに愛を実践することが重要なのです。

「祈れ、かつ働け」"Ora et labora!"

これはキリスト者、なかんずくイエズス会司祭、修道者にとって本質的なことであり、私も日々これを、つまり「活動における観想」を大切にしています。

具体的には、毎日の生活において自分の部屋でゆっくりと主イエスと対話し、また静かな聖堂で一人で祈り潜心することが、私にはかけがえのない大切な習慣になっています。

ところで、なぜマルタはイエスにしかられたのでしょうか。それは、もてなしのため一人あくせく働くあまり、多忙ゆえにイエスの足下で座って話を聞いているマリアに嫉妬し、主に「働くように言って下さい」と詰め寄ったからでしょう。

イエスは自分のことだけを優先し、マリアを見下しているマルタのその態度、相手を自分と比較して貶め、怒っている……それほどに心を失っているあり方をとがめたのです。決して、もてなし、働きそれ自体をしかったのではありません。

マルタの性格、態度は誰のうちにもあることに気づき、反省しなければなりません。マリアとマルタを統合して平和のうちに日々を過ごしていきたいものです。

聖書のことば

……「マルタ、マルタ、あなたは多くのことに思い悩み、心を乱している。しかし、必要なことはただ一つだけである。マリアは良い方を選んだ。それを取り上げてはならない。」

（ルカ：10：41―42）

Message

4.

私は分裂をもたらすために来た

イエスの平和は妥協ではありません。

イエスに従うことは悪と利己主義を拒絶し、善、真理、正義を選ぶことです。

それがたとえ犠牲、自分の利害をすてることを要求しても、信仰と暴力は相容れません。

信者は非暴力的です。力があります。

それは愛・柔和の力です。

「私は平和ではなくむしろ分裂をもたらすために来た」

主イエスのこのことばに私は長年とまどってきました。ミサの中では、その式文の中に「平和であるように」ということばが10回以上出てくるにもかかわらず、「平和ではなく分裂」をどう理解したらよいのか苦しんだのです。ようやくその真の意味を見出すためにはかなりの月日を要しました。

今では昔と違い、教皇フランシスコが説明している「平和ではなく分裂」という真の意味を発見することができました。

私は30年以上、カトリック正義と平和協議会の責任者として、また同じく約30年間、世界宗教者平和会議で世界平和の建設・実現のために働き続けてきました。その過程で、ようやく主イエスのこのことばの真の意味を理解できるようになりました。

平和と分裂は決して矛盾するものではなく、真の平和を実現させるためには暴力とか差別とか抑圧をいっさい拒絶することが大切なのです。たとえそれによって批判、暴力などの不当な力を受け、「反対を受けるしるし」（ルカ：2：34）となっても、またどんな犠牲を強いられてもです。

そこで私は自分に問いかけるのです。

「果たして私は自分のために生きるのか。神と人々のために生きるのか。仕えるのか。仕えられるのか。自分に従うのか、神に従うのか」と。

そしてこれらのことを踏まえて切に祈ります。

「主よ、いつもしっかりと御身を見つめ、あなたのみことばにつねに耳を傾け、どんな犠牲を払うことになったとしても、つねにあなたに従っていくことができますように」

聖書のことば

あなたがたは、わたしが地上に平和をもたらすために来たと思うのか。そうではない。言っておくが、むしろ分裂だ。

（ルカ：12：51）

Message

5.

狭い戸口から入るように努めなさい

戸口とはイエスご自身です（ヨハネ：10：9）。イエスご自身こそが門です。救いに至る道です。

イエスという戸口は決して閉ざされていません。どんなに重い罪人であっても決して排除はされません。

イエスはつねに罪人を優先し、ゆるし、愛しておられます。だからこそ罪人だから優先されます。

なぜ広い戸口でなく、狭い戸口から入らねばならないのでしょうか。

イエスのことばについて何度も考えてきました。

イエスご自身がその戸口であって、そこから入る。広い戸口はあまりにも容易に入れるので、油断しているうちに、そして自分の都合ばかりを考えて楽な生活をしているうちに、いつのまにかイエスご自身によってではなく、自分自身の責任で入れなくなる。のんきで安楽な生活に慣れっこになってしまうと、自らがその戸口を見失ってしまう。

そういうことのないように、という警告がここには含まれていて、だから油断禁物、普段から規則正しい生活を送るよう注意すべきである——これが教皇フランシスコのことばに触れる前の私の考えでした。

ところが教皇のことばによって、このイエスのことばにはもっと深い意味があり、ほんの少ない者しか入れない戸口ではなく、イエスご自身が戸口であり、罪人を最優先しながらその人を招いておられるのだということがわかりました。

いつもながら教皇フランシスコのことばは実に慰め深く力強い励ましを与えられると感謝しています。

聖書のことば

……イエスは一同に言われた。「狭い戸口から入るように努めなさい。言っておくが、入ろうとしても入れない人が多いのだ」

（ルカ：13：23―24）

Message

6.

イエスの弟子の条件

イエスの弟子となる条件は次の通り。
(1)イエスの愛のほかは何ものも優先しないこと
(2)自分の十字架を担ってイエスに従うこと

イエスの業はあわれみ、ゆるし、愛です。私たちは戦わねばなりません。それは悪とその誘惑から離れ、自ら進んで犠牲になりながら、善を選択した自分の十字架を担う強く勇気に満ちた決断です。

私はイエズス会入会直後からイエスの弟子となるため、その条件を果たすことに日々意欲的に前進するよう心がけました。
しかし、この十字架、犠牲、奉献の道はけわしく、けっして平坦ではありません。その努力は今現在も続いており、日々そのために力を尽くしています。
このけわしい道を進んでいくためには、絶えず気を落とさず、積極的に前に進むこと以外にベターな道はありません。

この点に関して、私は数年前から好んで次のような祈りをとなえています。

"O Lord, make me kind, humble and prayfull person!"
(おお主よ、私を親切で謙虚な祈りの人にしてください!)

この祈りはレデンプトール会員のバーナード・ヘイリン(Barnard Herig)神父がその著書"A Heart of Jesus"の中に書いており、彼がつねにとなえていたのです。これは私にとって毎日の生活の中で慰めであり心強い力となっています。

日常生活の中で出会うさまざまな人びと、多様な出来事のすべては、私にとってイエスの弟子の条件を形づくり積み重ねていくために必要なものです。

これからも、日々のごく平凡なことのうちにイエスの弟子の条件となることを力まずに掘り出し、さりげなく見出しながら、その実践にいっそう努めていきたいと思います。

聖書のことば

……イエスは皆に言われた。「わたしについて来たい者は、自分を捨て、日々、自分の十字架を背負って、わたしに従いなさい」

（ルカ：9：23）

Message

7.

神のあわれみ

神の喜びとは赦すことです。
なくなった息子を再び自分の家に迎え入れた父親の喜びです。
ここに福音の喜び、キリスト教のすべてがあります。

「三つのたとえ話」（ルカ：15：11―32）、とくに家を出て行ったのち帰ってきた、生き返った息子を抱きしめ家に迎え入れる父親のうちに、神の限りない愛、あわれみを深く味わうことができます。私はいつもイエスのこの話を大切に心の奥底に染み込ませ、慰めに満たされて味わっています。

ヘンリ・ナウエンは『放蕩息子の帰郷――父の家に立ち返る物語』（あめんどう）の中で実に見事にこの父親の心を説明しています。この本では、ナウエン自身がレンブラントの絵「放蕩息子の帰郷」によって回心の恵みを得たことが語られています。

私はこの慈しみ深い父親、神の愛を黙想するとき、くれぐれも兄のようになってはならないと自分に言い聞かせます。人が恵みによってゆるされ回心し幸せを感じるとき、決してその人を嫉妬したり羨んだりせず、いっしょになって喜ぶことが大切なことです。弱い人間は注意しないと他の人の幸せを自分の駄目さと比較して、往々にして見下し、軽蔑し貶めてしまいがちです。

マザー・テレサが言うように、愛の反対は憎しみではなく、むしろ「無関心」だと思います。

どうかこの私がいつも他の人に対して関心をもって関わり、その人の本当の幸せを望み願うあわれみ深い者でありますように！

聖書のことば

……父親は言った。「子よ、お前はいつもわたしと一緒にいる。わたしのものは全部お前のものだ。だが、お前のあの弟は死んでいたのに生き返った。いなくなっていたのに見つかったのだ。祝宴を開いて楽しみ喜ぶのは当たり前ではないか。」

（ルカ：15：31—32）

Message

8.

主よ、私どもの信仰を増してください

信仰の力によってキリストを証ししてください。

この力は祈りの中で神から与えられます。祈りは信仰の呼吸です。

信頼と愛の関係の中で対話は絶えることはありません。

教皇フランシスコが指摘するように、信仰の力は祈りの中で神から与えられる恵みです。私はこのことを聖なるマザー・テレサの祈りから学ぶことができました。それは次の祈りです。

沈黙が実を結ぶと　祈りが生まれます。
祈りが実を結ぶと　信仰が生まれます。
信仰が実を結ぶと　愛が生まれます。
愛が実を結ぶと　奉仕が生まれます。
奉仕が実を結ぶと　平和が生まれます。

私が毎日の生活の中で体験してきたことがこの祈りに集約されており、この祈りは実に好ましいのです。

まず、私は日常生活においてできる限り沈黙に努めます。沈黙によって主が言われる唯一の必要なこと、つまり主の足下で聴くこと（本章の「3　マルタとマリア」参照)。それによって信仰は増し、信仰が深まれば祈りは聖霊に導かれ、祈り、神との対話は私にとって大きな力となって愛の実践へと導かれるのです。

愛の実践とは神への愛と隣人への愛です。後者はとりもなおさず奉仕に他なりません。奉仕が本物になっていけばいくほど、それは平和の実現、建設への絶え間ない取り組みとなります。この平和こそ私が昔から大事にし、その実現のためにいつも努力してきたことです。

前述したように、国内においては世界宗教者平和会議で他宗教の方々の協力のもと、またカトリック正義と平和協議会において、いずれも長年憲法9条を基本にして平和実現のために努力してきました。

思い返せば、これらを実践しつづけられたのは、ひとえに信仰の力ゆえだったと思います。

聖書のことば

使徒たちが、「わたしどもの信仰を増してください」と言ったとき、主は言われた。「もしあなたがたにからし種一粒ほどの信仰があれば、この桑の木に、『抜け出して海に根を下ろせ』と言っても、言うことを聞くであろう」

（ルカ17・5―6）

Message

9.

気を落とさず
絶えず祈りなさい

私たちの武器は祈りです。祈りは神がそばにいて助けて下さることを感じさせます。

しかし悪との戦いは辛く長いもので忍耐を必要とします。神は私たちの味方です。神への信仰は私たちの力です。

そして祈りは信仰を日々表すものです。

イエスのたとえ話の主人公であるこのやもめから気を落とさず絶えず祈ることを学ぼうではありませんか。

「やもめと裁判官」のたとえ話（ルカ：18：1―8）に出てくる主人公のやもめには実に多くのこと、豊かなものを学ぶことができます。

私は長い人生において、祈りについて大変間違った考えをもってしまったことが度々ありました。

祈れば必ず神に聞き入れられその願いは実現し、私は満足し慰めを得るという思いがいつもあったのです。しかし実際はそうではなく、そのたびにひどく落胆し、「神も仏もあるものか！」と投げやりになってしまうこともしばしばでした。

最近になってようやくではありますがわかってきたことがあります。

祈りとは「神との対話」であり、双方向のもので、決してこちらから一方的に自分の願いを叫んで終わるものではないというごく当たり前のことです。

「神の思い」と「人の思い」は東と西、北と南のように違います。「人の思い」によれば、私の祈りにおける願いは人間としての当然の権利で必ず実現されるべきものとなります。ところが「神の思い」はそれとはまったく違うのです。考えてみれば、天地創造の昔から神による人間を含めた全被造物への永遠のご計画を、その一部にすぎない人間がそうそう簡単にわかるはずがありません。

したがって、祈りに関しても、神と被造物にすぎない人間との間の話ではなく、永遠の違いについては常に謙虚に心から敬意を払わなければならないのです。これが祈りにおける大前提です。

同時にその神は雲の上のはるか遠く離れた抽象的な方ではなく、主イエス――第二のペルソナである神が人間となられ、私たちの間に、いつもそばに生き、住んでおられる「受肉」の神秘に基づいて、神さまが人間、私のごく近く、そばにいつもおられ、すべてを見通し配慮して下さっていることこそ否定できない真理です。このあわれみ深い慰めに満ちた神に対して私はいつも祈っているのです。

だからこのやもめのように執拗に祈るならば、祈る前からすべてをご存知の神さまが聴き入れてくださるのです。私たちの祈りは信仰の証しなのです。

聖書のことば

「ある町に、神を畏れず人を人とも思わない裁判官がいた。ところが、その町に一人のやもめがいて、裁判官のところに来ては、『相手を裁いて、わたしを守ってください』と言っていた。裁判官は、しばらくの間は取り合おうとしなかった。しかし、その後に考えた。『自分は神など畏れないし、人を人とも思わない。しかし、あのやもめは、うるさくてかなわないから、彼女のために裁判をしてやろう。……』」それから、主は言われた。「この不正な裁判官の言いぐさを聞きなさい。まして神は、昼も夜も叫び求めている選ばれた人たちのために裁きを行わずに、彼らをいつまでもほうっておかれることがあろうか。言っておくが、神は速やかに裁いてくださる。しかし、人の子が来るとき、果たして地上に信仰を見いだすだろうか。」

（ルカ：18：2—8）

Message

10.

福音の喜び

福音の喜びは自分が神に受け入れられ愛されていることを知ることのうちにあります。神はとくに心おののく人びとを救って下さる方です。雄々しくあれ、恐れるな、神は私たちとともにいてつねに前進できるように力を与え助けてくださる。この真の喜びは試練と苦しみのときも留まります。

私は幼いときから福音の喜びを思う存分味わうことができました。これは何よりも神の恵みであることに感謝しています。そしてイエズス会の神父となってからは、この喜びをできるだけ多くの方に分かち合うことになりました。

たとえば、私が住んでいる上石神井修道院では、自分の部屋の近くにある集会の場で毎月2時間、十数名の皆さまと一緒になる集まりがありますが、毎回、参加者が来られるのを楽しみに心待ちにしています。この集いは私がこの修道院に引っ越してくる20年前には本郷の共同体で行われていましたが、参加者の顔ぶれはそのときから現在まで続いており、これからもずっと続くでしょう。

2014年10月の集いにおいて、「私は20年前本郷で神父様がさりげなく言われたことば『いつも喜んでいなさい。絶えず祈りなさい。どんなことにも感謝しなさい』(テサロニケ1：5：16—18)が私の心に染み込んでずっと大切にしています。これこそ福音の喜びに他ならないから」とおっしゃる方がいました。ほかにも同じようなことばを次々と聴くことができ、私は嬉しくてしかたがありませんでした。

このような話から、参加者の皆さまが長い間、毎日の生活において「福音の喜び」を大切にしておられること、神さまの働き、恵みは私たちの想像を超えるものであるということがわかります。これからもずっと大切にしていきたい集いです。

ほかにも、たとえば広島学院で中高生に教えているときも、上智大学で大勢の学生に教えているときも、また教会から招かれて講演をしたときも、実に多くの方々と「福音の喜び」を分かち合ってきました。

私はこのような体験をいろいろな機会にする幸福に恵まれました。これからの生活においても、この「福音の喜び」が私の心の奥の中心を占め、何をなすにもその本源となることを確信しています。

聖書のことば

いつも喜んでいなさい。絶えず祈りなさい。どんなことにも感謝しなさい。

（テサロニケ1：5：16―18）

Message

11.

主の降誕の神秘

イエスの降誕が不安と悲観主義を乗りこえる信頼と希望の祝です。

神は私たちとともにいつもおられ今日も私たちを信頼してくださる。父である神は偉大な方です。

人間が喜びと悲しみの日々を送るところで神はご自分を見出させるために私たちと共につねに住んでいます。

1936年12月25日に生まれた私にとって、主の降誕は特別な意味があります。カトリック信者として熱心な母が昔、私に言ったことがあります。「あなたがクリスマスに誕生したのでそのときだけ私はミサに行けなかった」と。

私が幼いとき家族はクリスマスの深夜ミサにあずかるため、電車がないので、真夜中、真暗な道を歩いて教会へ行きました。2人の兄を含め家族全員は毎年クリスマスのこの行事を喜びとして受け入れ、ミサにあずかるのが嬉しかったのです。

主イエスは極貧のうちに生まれ、数々の辛苦をなめ、暑さや寒さに耐え、人びとの侮辱を受けてのち、ついに十字架上で死をとげられました。その生活は苦しみに満ちていました。しかしこれらすべては実に私のためであったのです。

私はよく学生たちに言ったものです。

「キリストの誕生をもって歴史はBC: Before ChristとAD: Anno Dominiとに区切られた。人類にとって主の降誕つまり受肉は大事なものである。永遠、無限の偉大な方、神さまのご計画は人間の浅はかな知識ではおよびもつかない。なにしろ人がみんな寝静まっている真夜中、しかも小さい村ベトレヘムのよりによって人が近づこうともしない汚い臭い馬小屋でハダカの赤ん坊として生まれた。神のご計画、つまり『神の思い』は『人の思い』とははるかに隔たっており、私たちには想像もつかない思いがけない所、時に神の偉大な業はなされたのだ」と。

昔、夜中にミサがささげられていると、通りすがりの人が「あれ！　教会でもなにか賑やかにやっている」とまるで酒盛りかなにかのように勘違いする人がいました。幸い最近では、そこそこのキリスト者にもかかわらず日本人は一般的にクリスマスの意味をよく理解しています。ケーキを買ってきて家庭内一家団らんで主の降誕を祝っているからです。教会としては今こそ主の降誕こそ世界平和の源泉であることを力強くのべ伝えていくときです。

聖書のことば

……彼らがベツレヘムにいるうちに、マリアは月が満ちて、初めての子を産み、布にくるんで飼い葉桶に寝かせた。

（ルカ：2：6―7）

III 分かち合いましょう

Message

1.

素晴らしい キリストの知らせ

福音の喜びはイエスに出会う人びとの
心と生活全体を満たします。
それによって罪と、悲しみ、内面的な
むなしさと孤独が解放されるのです。
喜びはつねにイエス・キリストと共に
生みだされ、新たにされます。

教皇フランシスコがつねにくり返し強調される喜びの大切さは、いつも私の心にしみこみます。

そして同時に、パウロの次のことばを思い出します。

「希望をもって喜び、苦難を耐え忍び、たゆまず祈りなさい」（ローマ：12：12）

また、詩編には次のようなことばもあります。

「わたしはあなたの掟を楽しみとし御言葉を決して忘れません」（詩編119：16）

「主よ、あなたは情け深い神憐れみに富み、忍耐強く慈しみとまことに満ちておられる」（詩編86：15）

「恵み深い主に感謝せよ」（詩編136―1）

どんなに仕事が忙しくても、いろいろなことに不安を感じ悩んでいても、心の奥底で、確かに神の愛を感じ、主キリストが無償に、すべてに先んじて愛して下さることを感じるがゆえ、私は心に安らぎをおぼえるのです。

教皇ご自身がこのことを体験しているからこそ、説得力のあることばとして私たちの心に響いてくるのでしょう。

毎日の生活の中で、相談に訪れる人びとがありのままの自分を打ち明け、問題の解決を求めておられる時に、無力な私は適切な答えをもってお答えすることができないことがあります。しかし不思議なことに、相手の方は大きくうなずき納得して自分の持ち場に戻ることがあるのです。

それは教皇が言うように、私自身の力によるものではなく、イエスに出会うことによってその人びとの心と生活全体を福音の喜びが満たしてくれるからです。

聖書のことば

天よ、喜び歌え、地よ、喜び躍れ。山々よ、歓声をあげよ。主は御自分の民を慰め、その貧しい人々を憐れんでくださった。

（イザヤ：49：13）

Message

2.
神の寛大で慈しみ深い心につつまれて

主にかける者を主は失望させません。小さな一歩であってもイエスに向かって歩みだすならば、イエスが両手を広げてその到着を待っていることに気づくでしょう。

イエスの優しさは私たちを決して失望させることなくいつも喜びを取り戻させてくれます。

私はこの10年間、イエズス会上石神井修道院に住んでおり、両眼と糖尿病の治療のため、そして食事のために隣のロヨラ・ハウスにも通っています。また、30年以上もの間、眼の手術（白内障）と検査のために毎月1回、聖母病院にお世話になっています。そうした事情のなかで聖母病院やロヨラ・ハウスの方々に並々ならぬお世話を受け、感謝に堪えない気持ちです。

身に余るご親切を受けながら、つねづね自分は本当に幸せ者だと痛感します。受けるばかりで与えることのないこの小さな自分にとって、教皇フランシスコが強調していること、つまり神の寛大で慈しみ深い心にその方々を通してつつまれていることをいつも再認識している毎日です。

教皇のことばを改めて自分自身のことばとして味わっています。すなわち「主よ、私はもう一度あなたとの約束を更新するためにここに居ます。主よ、私はあなたを必要としています。もう一度あなたの腕に私を受け入れ救い出して下さい」。

主イエスはつねに倦むことなく私を赦して下さいます。イエスの7の70倍（マタイ：18：22）赦すように教え、ご自分からその模範を示して7の70倍も私を赦します。そして私たちを何度もご自分の肩に背負うのです。このようにゆるがない無限の愛が私たちにもたらす尊厳を誰も奪うことはできません。イエスのおかげで私たちは顔をあげ、あらたな出発ができるのです。感謝の心で一杯です。

これは日常のごくささいな出来事の中で、父である神に愛に満ちた招きへの応答として体験する喜びです。何ともいえない父の愛の優しさを痛感するのです。

聖書のことば

お前の主なる神はお前のただ中におられ　勇士であって勝利を与えられる。主はお前のゆえに喜び楽しみ　愛によってお前を新たにし　お前のゆえに喜びの歌をもって楽しまれる。（ゼファニヤ：3：17）

子よ、分に応じて、財産を自分のために使え。主に対しては、ふさわしい供え物を献げよ。（シラ：14：11）

Message

3.

貧しい人びとのための貧しい教会

私が人生において見てきた最も美しい自然な喜びは固執するものをもたない貧しい人びとのうちにあったということです。

その喜びはキリストにおいて示された無限の神の愛の泉からくみとられます。

私は1980年代はじめからラテンアメリカにおける「解放の神学」のすばらしさ、奥の深さに魅せられ、「解放の神学」の父といわれるグスタボ・グティエレス神父の著書をいちはやく翻訳して日本に紹介しました。あわせてキリスト教基礎共同体(basic Christian community)こそ貧しい人びとのための貧しい教会であることも紹介しました。

そして、グティエレス師を日本に招き上智大学で講演をしました。講演後の質問の際に、「中流社会である日本にとって貧しさよりもむしろ富こそ問題にすべきではないか」という質問者に対して、グティエレス師は「あくまでも貧しさこそ重要である。『よいサマリア人』(ルカ：10・25—37)のような人がいつでもどこにおいても必要だからである」と答えました。

ところで歴史的現実に立った信仰心が求めるのは「体全体で熱く実践的に人間を愛する」韓国の詩人金芝河の願い。また「あらゆる生命をもつものを同一視すること」を根本とするインドのガンディ。そのガンディは述べました。「私はキリストを尊敬する。しかし、キリストにならおうとしないキリスト教徒を軽蔑する」と。「世界の人びとが皆幸福でなければ個人の幸福はありえない」と断言した宮沢賢治もその信仰心に生きた一人です。

こうした人びとに宗教団体、宗派を超えて数多く出会うことができます。そしてまさにこのことこそ私たちが希求する「貧しい人びとのための貧しい教会」となることへの挑戦であり、これらに応えていかなければならないのです。

聖書のことば

するとと、ある律法の専門家が立ち上がり、イエスを試そうとして言った。「先生、何をしたら、永遠の命を受け継ぐことができるでしょうか。」イエスが、「律法には何と書いてあるか。あなたはそれをどう読んでいるか」と言われると、彼は答えた。『心を尽くし、精神を尽くし、力を尽くし、思いを尽くして、あなたの神である主を愛しなさい、また、隣人を自分のように愛しなさい』とあります。」イエスは言われた。「正しい答えだ。それを実行しなさい。そうすれば命が得られる。」

（ルカ：10：25―28）

Message

4.

すべての人を受け入れる家

教会はつねに開かれた父の家であるように招かれています。

これはとくに「門」である洗礼の秘蹟、そして聖体について言えます。これらは弱い者、貧しい人びとのための良質な薬、栄養です。

教会は父の家です。

そこは人生における困難を抱えた一人ひとりのための場所であるのです。

「白人にとって黒人はそばにいながら見えない存在である」というキング牧師のことば、「飢えや病気が悲惨なのではなくそれによって孤独に追いやられることが現代の不幸です」というマザー・テレサのことば。

また、「アジアのキリスト教会が社会正義・愛の証人とならない限りアジアの心はキリストに開かれない」という世界教会協議会（ＷＣＣ）の声明文が、教会には挑戦として迫ってきます。いつの間にか虐げられ、貧しく苦しんでいる人びとが間近にいながら、教会にはそれが見えない存在になってしまっているのではないでしょうか。

教会は大きな役割を担っており、正義促進、人権擁護の領域において積極的に遂行すべき使命と責任があります。かつて韓国の金寿煥枢機卿は次のように述べました。

「……他の人びとが間近で抑圧されているのを見ても沈黙し、動こうとしない。民衆が抑圧され搾取され基本的人権を守ろうとして闘ったというだけの理由で投獄される時、教会はしりごみしてかれらと連帯しようとしない」

果たして教会は人びとと共に社会的諸問題の解決に取り組み、つねに「苦しむしもべとして仕える」道を選択しているでしょうか。今こそ教会は「すべての人を受け入れる泉」としての預言者的役割を担っているのです。

教会が「すべての人を受け入れる家」になるためには、すべての人が人間として尊重され、人間としての本来の生き方ができるようになり、人間を解放する愛と真の正義と兄弟愛に満ちた社会が実現するように、神の賜物に向けて開かれた教会となることが必要です。

聖書のことば

……正しい人たちが王に答える。「主よ、いつわたしたちは、飢えておられるのを見て食べ物を差し上げ、のどが渇いておられるのを見て飲み物を差し上げたでしょうか。いつ、旅をしておられるのを見てお宿を貸し、裸でおられるのを見てお着せしたでしょうか。いつ、病気をなさったり、牢におられたりするのを見て、お訪ねしたでしょうか。」そこで、王は答える。「はっきり言っておく。わたしの兄弟であるこの最も小さい者の一人にしたのは、わたしにしてくれたことなのである。」

（マタイ：25：37―40）

Message

5.

共に分かち合う家

イエスご自身が、私たちが民のただ中に入っていき「共に分かち合う家」をつくるという福音的選択の模範です。イエスは民の中にいる私たちを捕らえ、民の中へと送り出すのです。この民の一員であることを抜きにして私たちのアイデンティティを了解することはできないのです。

確かに、イエスは私たちが「共に分かち合う家」として人びとが現実に体験している悲惨に触れ、悩み苦しむ人びとの身体に触れることを望んでおられます。つまり、「共に分かち合う家」として、実際に私たち教会が人びとと接し、いたわりの力を知るよう期待しておられます。

では、現実の私たちはどうでしょうか。主ご自身が十字架上で「死に至るまで従順を、へりくだりを示されたその自己奉献」（フィリピ：2：8）を全生涯にわたって示されたあり方の頂点とは正反対、あるいは「共に分かち合う家」のあり方とは正反対ではないでしょうか。自分の都合を最優先し、人びとが抱える悲惨さから遠く離れて、安全で居心地のよい守られた場所だけを自分の都合のよい場所として求めてしまい、そのカラから出ようとしないのではないでしょうか。

改めて福音の呼びかけを思いおこすと、私はそこからいろいろな警告や忠告を読み取るのです。たとえば、

「できれば、せめてあなたがたは、すべての人と平和に暮らしなさい」（ローマ：

12：18）

「善をもって悪に勝ちなさい」（ローマ：12：21）

「たゆまず善を行いましょう」（ガラテヤ：6：9）

「……穏やかに、敬意をもって、正しい良心で、弁明するようにしなさい」（ペトロ1：3：16）

などです。他にもたくさんこうした忠告を見つけることができるでしょう。

これらはすべて神のことばによる明確な指示です。私たちはこれらの指示に対して言い訳や勝手な解釈をすることなく、ただ実践すべきなのです。その時はじめて自分は微力ながらも「共に分かち合う家」の一員となれるでしょう。そして主イエスに忠実な兄弟姉妹と生活を分かち合い、福音の喜びを味わいうるのです。

実際、キリストに忠実に従う使徒たちは「民衆全体から好意を寄せられていた」（使徒言行録：2：47、4：21、33、5：13）のです。

聖書のことば

キリストは、神の身分でありながら、神と等しい者であることに固執しようとは思わず、かえって自分を無にして、僕の身分になり、人間と同じ者になられました。人間の姿で現れ、へりくだって、死に至るまで、それも十字架の死に至るまで従順でした。このため、神はキリストを高く上げ、あらゆる名にまさる名をお与えになりました。

（フィリピ：2：6―9）

Message

6.

助け合いの文化

ご自身が福音そのものであるイエスは最も小さい人と特別に同じものとなりました（マタイ：25：40）。

このことはすべてのキリスト者が地上で最も弱い人びとに心を配るよう招かれていることを思い起こさせます。

そこにおられるキリストに気づくよう私たちは招かれています。

「助け合いの文化」という時、被造物全体のことに触れる必要があります。つまり人類はそれらから恩恵を受けるだけでなく、他の被造物の管理者でもあるからです。

この点に関しては教皇フランシスコだけでなく、フィリッピン司教団が表明した預言者的嘆きが見事に美しく問いかけています。それは次のような内容です。

「森には信じられないほど多様な虫たちが棲み、多種多様な役割をせわしく果たしていました……。どうかその地を破壊して荒野にしてしまうことなど決してあってはなりません……。あれほどすばらしい海の中の世界を色彩も生命も奪われた水底の墓地へと変えてしまったのは一体だれなのですか」（フィリッピン司教協議会司牧書簡「美しきわが故郷に何が起きているのか」１９８８年12月30日）

「助け合いの文化」の中心にも位置するこの被造物に対する私たち人間の責任、役割については、世界宗教者平和会議の平和研究所の研究会で、私は多くのことを学ばせていただきました。すなわち仏教、イスラーム、神道、立正佼成会、聖公会の方がつね日頃から真剣にこの問題に取り組んでおられ、それを前提として非常に重要な研究発表をして下さり、それらが、研究所が出版する『平和のための宗教――対話と協力』にも載せられています。

確かに「助け合いの文化」の一部をなしている被造物のこと、その管理者としてのあり方を考える時、これは優先的に取り扱うべき内容です。教皇フランシスコが指摘している通り、最も無防備な存在である被造物全体のことを他でもない自分自身のこととして重視すべきことが大切なのです。

アシジの聖フランシスコのように小さな者でありながらも神の愛において強いキリスト者は皆、人間の弱さと私たちが生きている町、国、世界の弱さに心を配るようにと、まさに呼ばれていると痛感するのです。

聖書のことば

被造物は、神の子たちの現れるのを切に待ち望んでいます。被造物は虚無に服していますが、それは、自分の意志によるものではなく、服従させた方の意志によるものであり、同時に希望を持っています。つまり、被造物も、いつか滅びへの隷属から解放されて、神の子供たちの栄光に輝く自由にあずかれるからです。被造物がすべて今日まで、共にうめき、共に産みの苦しみを味わっていることを、わたしたちは知っています。

（ローマ：8：19―22）

Message

7.

喜び、分かち合い、大切な努め

神の望まれることを理解し実行することは、単に人間の努力だけではできません。
聖霊の働きによってつくり変えていただく必要があります。

フィリピ2：6—7で主イエスが呼びかけている「キリストは……人間と同じ者になられました」。そして自分をむなしくして仕える者になられましたと。

確かにいつくしみにあずかることは、主イエスと共にあります。教皇フランシスコがすすめておられるように、私たちはキリストにならい自分をむなしくして人びとに仕えるものとなり、それによって私たちも神の慈しみにまことにあずかることができます。実に「いつも喜びたえず祈りすべてに感謝する」（テサロニケ1：5：16—18）ことは、私たちの毎日の生活において大切な努めです。

弱い人間であり、いろいろなことの渦中にあっていつも失敗をし、欠点、弱点の多い私にとって、「喜び、分かち合い、大切な努め」を与えられ、招かれ、呼びかけられることは、挑戦であると共に慰めの深い招きであると受けとることができます。つまり、無力なこの私がすることはあくまでも私の内にあって内面から湧き出てくる神の息吹、聖霊がなさるのであるから、私としてはただただそれに身を委ね信頼してお任せすればよいのです。

かといって私自身が受け身的になっているのではなく、自分なりにベストあるいはすくなくともベターを目指して自分のやるべき努めを果たすという能動的、自発的に打ち込む姿勢は当然不可欠です。

たとえば、『教皇フランシスコ』という書物を書きながらいつしか壁に突き当たってどうにも前進することができない時、私は教皇のことばを思いおこして自らを奮い立たせます。「利己主義、自己中心という狭いワクに閉じこもらず外に出て行け！貧しさゆえに悩み、苦しんでいる兄弟姉妹の現場に出向きかれらに面と向かって会いかれらから学べ！」という促しをいただくのです。

教皇フランシスコがクリスマスに、バチカンの枢機卿などの高官たちに厳しい叱責をなさっているのを新聞や雑誌などで知るたび、内向的自己中心主義という狭いワクに留まっている自分自身が奮い立たされます。教皇が息吹、聖霊という神の力に満たされているのを改めて知り、生ぬるい自分に喝！を入れられるのです。

聖書のことば

あなたがたは神に選ばれ、聖なる者とされ、愛されているのですから、憐れみの心、慈愛、謙遜、柔和、寛容を身に着けなさい。互いに忍び合い、責めるべきことがあっても、赦し合いなさい。主があなたがたを赦してくださったように、あなたがたも同じようにしなさい。

（コロサイ：3：12—13）

Message

8.

恐れないで神のことばをたずさえ語り合う

真理は出会うものであり、キリストのうちにある人格と出会うことです。聖霊は復活されたキリストからの人類への賜物であり、それは人びとがイエスが真理のことばであると理解し認識できるようにさせるためです。

このメッセージはまさに「7　喜び、分かち合い、大切な努め」で述べた私自身の体験と響き合います。「人の思い」に終始して自分の狭いワクから出られなかった私は「神の思い」に基づいてこのテーマ、「恐れないで神のことばをたずさえ語り合う」ことができるようになりました。

そのきっかけとなったのは教皇のこのことばに促され、ローマへの手紙の中でパウロが語っている慰め深いことばでした。「だれに対しても悪に悪を返さず……あなたの敵が飢えていたら食べさせ、渇いていたら飲ませよ」（ローマ：12：17―20）、そして「悪に負けてはならない。善をもって悪に打ち勝て」（ローマ：12：21）とつづきます。

確かに世界の救いのために十字架の苦しみを受けられた主キリストは、私たちすべての人の罪をゆるし、悪に打ち勝って与えてくださいました。だからこそ無力な弱い私たちも主のおかげでパウロの言うような「善をもって悪に打ち勝つ」ことができるようになりました。それゆえ私は「絶えることなくあなたをたたえ世々限りなく御名を讃美します」（詩編145：2）のです。

その結果、ただ単に私一人にとどまることなく、教皇が言うように「人びとはあなたの恐るべき力を悟り、私はその偉大さをたたえることができるようになるのでありま す」(詩編145)。

私は神の豊かな恵みを思い、喜んでその正義を歌います。だからすべての人、そして造られたすべてのものは神をたたえ、神に従う人は感謝して歌い、力ある神の業を告げるのです。

しかも、助けを求めるすべての人、心から祈る人の前に神がおられる。神は悩みのうちにある者を支え、倒れる者をすべて立たせてくださる。神を待ち望むすべてのものにいのちの糧を豊かに恵まれる。生きているすべてのものの願いを神は豊かに満たされる。心から祈る人のそばに神はおられる。

このようにして教皇のメッセージ「恐れないで神のことばをたずさえ語り合う」は見事に実現していくのです。

聖書のことば

愛する人たち、自分で復讐せず、神の怒りに任せなさい。『復讐はわたしのすることと、わたしが報復する』と主は言われる」と書いてあります。「あなたの敵が飢えていたら食べさせ、渇いていたら飲ませよ。そうすれば、燃える炭火を彼の頭に積むことになる。」悪に負けることなく、善をもって悪に勝ちなさい。

（ローマ：12：19―21）

Message

9.

喜びのメッセージを伝えるために

聖霊を通して、神のみことばとおきては私たちの心に刻みこまれ、私たちの選択を識別する上での原則となり、私たちの日常の生活を導く、生きる原則となります。

「この神は救い主、助け主。天にも地にも、不思議な御業を行いダニエルを獅子の力から救われた」（ダニエル：6：28）

神をいつも信頼し、信じる私たちの心に神の力（聖霊）を注いでいただくように祈りたい。それは神に逆らう力に打ち勝ち喜びをもってみ旨に従うことができたということだからです。

教皇フランシスコが絶えず強調し、繰り返し招いて下さる「喜び」のメッセージを伝えるために、私たちはいつも努力する必要があります。

たとえ無理があろうとなかろうと、パウロがローマ書で何度も呼びかけている通り「喜び」のメッセージを伝えていくことに喜びを感じ取っていきたいものです。

しかもそれは自分のことばだけでなく、行いと生活全体をもって継続していくべきものなのです。

私自身毎日の生活の中で、いつの間にか霊的、精神的なことではなく、自分が人びとから良く思われたいという、いわゆる世間的な精神を動機として仕事に埋もれてしまい、その結果不毛な悲観主義に陥ったり、いつとはなしに自己中心的な姿勢で事に当たってしまっていることがあります。そのたびに、そうした狭い自己のワクから抜け出し、率先して人びと、とくに悩み苦しんでいる貧しい人びとに寄り添い、関わることがどれほど大事なことかを痛感します。

この実践にあたっては、弱い無力な自分の力ではいかようにもなす術はなく、結局のところ神の力によってはじめて実現可能になるのです。その時にこそ自分という小さなカラに閉じこもるのではなく、人びとに種々の出来事の意味を説き、力と慰めを与えるという預言者的な役割を果たすことができます。

それができた時、私たちが生きているこの社会、世界を少しでも良い方向へと変化させ、「神の国」がどういうものであるかということを微力ではあるが見出すのを助けることが可能となります。それこそが教皇が招いている「喜びのメッセージ」を伝えるということになるのです。

聖書のことば

キリスト・イエスによって命をもたらす霊の法則が、罪と死との法則からあなたを解放したからです。

（ローマ：8：2）

Message

10.

すべてを与えつつ
喜びと希望を伝える

愛のわざなしには教会は存在しません。
教会の母性を伴う優しい側面は母なる
教会が失うことのできない価値です。

弟子たちの共同体の生活を満たす福音の喜びは宣教的な喜びです。つまり派遣された所から帰る72人はその喜びを体験しました（ルカ：10：17）。イエスご自身は聖霊に感じ、嬉しさのあまり、神、御父の啓示が貧しい人びと、小さき人びとに示されたことを喜んで御父である神をたたえます（ルカ：10：21）。……一同は聖霊に満たされ、〝霊〟が語らせるままに、ほかの国々の言葉を話しだした（使徒言行録：2：4）。その喜びには二重の活力、つまりダイナミズムが伴っています。すなわち脱出と賜物の活力で、つねに自分から出て行き、歩み続け、新たに種をまき、いつも前向きに進んでいきます（マルコ：1：3）。

私たちも、教皇フランシスコが言うように、いつも愛の業をもって、母性を伴う優しさをたずさえ、「すべてを与えつつ喜びと希望を伝える」ことが大切なのです。

それこそ母なる教会が失うことのできない価値であるからです。

聖書のことば

そのとき、イエスは聖霊によって喜びにあふれて言われた。「天地の主である父よ、あなたをほめたたえます。これらのことを知恵ある者や賢い者には隠して、幼子のような者にお示しになりました。そうです、父よ、これは御心に適うことでした。」

（ルカ：10：21）

Ⅳ 歩み出しましょう

Message

1.

自らの狭いワクから飛び出そう

私たちが良心のとがめを感じるべきことは、多くの兄弟姉妹がキリストとの友情がもたらす力、光、慰めを得られず、自分を迎えてくれる信仰共同体もなく、人生の意味と目的を見出せずに生きているという事実に対してです。

主イエスのみことばは、私たちが予測することのできない力を秘めています。種が成長するという聖書のことばの通りです（マルコ：4：26―27）。すなわちみことばは私たち人間の予測、計らいを覆す思いがけない成果をもたらすのです。

したがって、カトリック・キリスト教会が主イエスとの親密なつながりを育て、育むものは、他でもない主イエスと共に道を歩む時はじめてできるものです。

つまり福音の喜びは民全体のためであって、誰一人として排除されてはならないものです（ルカ：2：10、黙示録：14：6）。

教皇フランシスコが次のように私たち、教会に注意を呼びかけている通りです。

「多くの兄弟姉妹はキリストとの友情がもたらす力、光、慰めを得られない、自分を迎えてくれる信仰共同体も無い」

だから私たちは何よりもまず、自分の狭いワクから飛び出し、かれら多くの兄弟姉妹が人生の意味や目的をしっかり見出し、生きていけるように日々努力しなければなりません。

私自身がまずなすべきことは、自分の狭いワクから飛び出し、力、光、慰めを得られず、人生の意義を探し求めて悩み苦しんでいる人びとの現場に出向き、微力ながらもかれらの支えとなることができるよう十二分に力を発揮し、かれらの助けとなるよう励むことです。

聖書のことば

天使は言った。「恐れるな。わたしは、民全体に与えられる大きな喜びを告げる」
（ルカ：2：10）

Message

2.

ことばだけでなく
行いと生活全体をもって

イエスはそのことばとわざを通して他者を認める道を示されました。教理上の誤りを犯すことばかりを心配せずに、むしろいのちと知恵の光に忠実であってください。

「出動態勢」に生きる教会は福音宣教する弟子たちの共同体です。それには5つの特徴があります。

1　先に愛される神の愛（ヨハネ1：4：10）
2　人びととの関わり（ヨハネ13：17）
3　人びとに寄り添い共に歩む
4　実を結ぶ
5　祝う

これらは福音宣教の祝いと同時に自己を人びとに与えるための原動力の源でもあります。

「3　人びとに寄り添い共に歩む」の聖書のことばにある通り「心をこめて愛し合いなさい。愛は多くの罪を覆うからです」（ペトロ1：4：8）。

教皇フランシスコが述べているように、主イエスは実にそのことばと行いそして全生活を通じて他の人びとを認める道を示されました。したがって私たちとしては毎日の生活においてことばだけでなく、私たちの行い、全生活を通していのちと知恵の光の道に忠実であるように努めなければなりません。

私自身としては社会や世界に対する責任を改めて自覚し、私たち日本人がもっている長所を国際的視野と長期的展望をもって見直し、すべての社会と世界に貢献するよう励むべきです。

一日本人として、イエズス会司祭として、また世界宗教者平和会議など種々の組織に属する者として、こうした自覚のもとに、他国の国民と共に、人権尊重、平和建設など人間としての共通の願いをもち、痛みを負いながら、相互の真の利益、発展を求め続けるならば、回勅「真の開発とは」（教皇ヨハネ・パウロ2世、拙訳）で強調されている「国際相互依存において人間尊重」が、徐々にではあるとしても、必ず実現されていくでしょう。

聖書のことば

何よりもまず、心を込めて愛し合いなさい。愛は多くの罪を覆うからです。
（ペトロ1：4：8）

Message

3.

十字架をいだきつつ
喜びを分かち合おう

主キリストは、カトリック信者だけでなく無神論者であってもすべての人を救ったのです。

キリストが流された血はあらゆる人を神の子としました。だからすべての人はよいことをする義務があります。

これこそ平和への美しい道なのです。

現代はとくに「地の塩、世の光」（マタイ：5：13―14）が必要とされています。そのために福音宣教への活気が求められています。

しかし、神父などカトリックの聖職者たちは自分たちのための時間を必要以上に大切にしすぎる傾向にあるのではないでしょうか。

どうしてそのようなことが起こるのでしょうか。要するに、自分の自立の時間を他のことより優先して保証しようとするから、福音宣教に関わることがあたかもそれを妨げるかのように感じられるのです。福音宣教に関わることに、生きがいではなく倦怠感を感じるとするならば、それは司牧者として情けないことです。

目先の結果だけを求める現代社会特有の重圧に押しつぶされて、人生の失敗や人びとからの批判、その他の十字架に堪えられないという司牧者もいます。その結果は、信仰が実際にはすり減らされて乏しいものになっていくのです。

私たちとしてはぜひ教皇フランシスコが呼びかけるように、十字架をいだきつつ喜びを分かち合おうとする道を歩んでいきたいものです。

聖書のことば

……自分の十字架を担ってわたしに従わない者は、わたしにふさわしくない。
（マタイ：10：38）

Message

4.

最も周辺にいる
最も貧しい人びとのために

出向いて行きましょう。
私は出て行ったことで事故に遭い傷を負い汚れた教会の方が好きです。
閉じこもり自分の安全地帯にしがみつく気楽さゆえに病んだ教会よりも好きです。

教皇フランシスコは福音の告知を深めるためにこのように呼びかけておられます。

「出向いて行きましょう」と。

では、どちらに出向いて行くのでしょうか。

「最も周辺にいる最も貧しい人びと」の現場に出向いて行くのです。

その時、施しを与えるためという上からの目線ではなく、あくまでもかれらから学ぶためという下からの目線が不可欠の条件です。

まず何はさておき愛の掟こそ第一で最高です（ヨハネ：15：12、ローマ：13：8―10、ガラテヤ：5：14、テサロニケ1：3：12、ヤコブ：2：8）。

教皇は信者のみなさんが信仰における成長への過程にあっていつでも同伴するようにとすすめ、福音の告知を中心にした信仰伝授を神のみことばに基づいて述べられておられます。

私たちとしては教皇の招きにおこたえし、「最も貧しい人びとのために」日々尽くしたいものです。

聖書のことば

そこで、王は答える。「はっきり言っておく。わたしの兄弟であるこの最も小さい者の一人にしたのは、わたしにしてくれたことなのである。」……そこで、王は答える。「はっきり言っておく。この最も小さい者の一人にしなかったのは、わたしにしてくれなかったことなのである。」

（マタイ：25：40、45）

Message

5.

避難してきた人びと、生活の基盤を失った人びとのために

私は、中心であろうと心配ばかりしている教会、脅迫観念や手順に縛られ、閉じたまま死んでしまう教会は望みません。

主キリストは最も小さき人びとと一体化しました（マタイ：25：40）。すべてのキリスト者は最も傷つきやすい人びとを特に大切にするよう呼びかけられています。ですから、すべての人の母親であろうとする開かれた教会の司牧者として、私たちは特に「避難してきた人びと、生活の基盤を失った人びとのために」、そしてその人びとの問題に対して敏感でなければなりません。

二重の意味で虐待と暴力の被害者であり、しかもその権利も主張できずに苦しみ、貧しさを強いられている女性が無数にいます。また、なににも先んじて世話をしなければならない弱い存在であるのが、まだ生まれていない子供たちです。

さらに被造物全体も同じく無防備で傷つきやすい存在です。私たち人類はそれらに責任を負っている管理者であるのです。

神が望まれる平和秩序とは人と人との間のいっそう完全な正義を含むものです。社会的権利とは、所得の公平な分配であり、貧しい人びとが排除されないことです。大多数の人びとを犠牲にしてはならないということです。

できる限り多くの人びとがより人間らしい、より現実に富んだ考え方、生き方に至ること、それによってはじめてかれらのこの世での生は貴いものとなります。

聖書のことば

「お前たちは、わたしが飢えていたときに食べさせず、のどが渇いたときに飲ませず、旅をしていたときに宿を貸さず、裸のときに着せず、病気のとき、牢にいたときに、訪ねてくれなかったからだ。」すると、彼らも答える。「主よ、いつわたしたちは、あなたが飢えたり、渇いたり、旅をしたり、裸であったり、病気であったり、牢におられたりするのを見て、お世話をしなかったでしょうか。」そこで、王は答える。「はっきり言っておく。この最も小さい者の一人にしなかったのは、わたしにしてくれなかったことなのである。」

（マタイ：25：42―45）

Message

6.

世界のいたるところへキリストの喜びを伝えるために出かけよう

たとえ「私は神を信じない」という人であっても、その人はよいことをし続けねばなりません。

私たちすべての人の父である神は私たちすべての人を神の似姿として創り（創世記：1―2）それをよしとされました。

だから私たちの世界はいたるところへ行ってキリストの喜びを伝え、互いによいことをしなければならないのです。

教会はいつも開かれている父親の家になるように呼びかけられています。開かれた雰囲気とは、そのしるしの一つとして、現実に教会の門を開いたままにしておくことでしょう。そうすれば、すべての人が例外なく共同体の生活に参加できるはずです。私たちはいつでもどのような状況であっても恵みの分配者でなければなりません。

教会は関所ではなくあくまでも父の家なのです。それぞれの人がかかえている生活の重荷を背負いながら入ってくる場であるはずです。

この章の「5　避難してきた人びと、生活の基盤を失った人びとのために」で教皇フランシスコが強調する通り、自分の安堵を求めるから病気になる教会よりも、道に出向いて行くから事故に遭ったり傷ついたりする教会の方がよいのであって、外で飢えている群衆に目を向けずただ縛られている病める教会であってはならないのです。

だから私たちは教皇フランシスコの呼びかけにこたえ「世界のいたるところへキリストの喜びを伝えるために」出かけていくのです。

聖書のことば

イエスは、近寄って来て言われた。「わたしは天と地の一切の権能を授かっている。だから、あなたがたは行って、すべての民をわたしの弟子にしなさい。彼らに父と子と聖霊の名によって洗礼を授け、あなたがたに命じておいたことをすべて守るように教えなさい。わたしは世の終わりまで、いつもあなたがたと共にいる。」

（マタイ：28：18―20）

Message

7.

金権主義から脱皮し
自らの意思でよいことをしよう

世俗化の歩みにより超越的な存在をすべて拒否することにより倫理感が低下し、個人・社会の罪に対する感覚も弱るようになりました。

相対主義が広まり、個人の権利の絶対性を信奉することにつながっています。

確かに、教皇フランシスコが強調しているように、現代において人びとを排除する経済システムを拒否しなければなりません。これは人殺しのシステムだからです。一方で飢えている人びとがいるのに、他方では食料を捨てている。これは実に大きな不平等のしるしです。

その結果として、大多数の大衆が排斥され差別されて失業し、先が見えず将来の希望もなく、出口のない社会のひと隅に追いやられてしまっています。人間自身があたかも消費される商品のように使い捨てられています。

人びとが排斥されることによってその人びとは社会の周辺に追いやられるだけでなく、社会の外に追い出されてしまっているのです。その人びとは搾取されるだけでなく余剰品として使い捨てられているのです。

悲しいことに、「無関心のグローバリゼーション」が開発されてしまいました。他者の叫びに対する思いやりが何ひとつ感じられなくなったのです。マザー・テレサが言うように「愛の反対は無関心」です。その結果すべてが他人の責任にすりかえられてしまうのです。

私たちは今こそ、金銭の新しい偶像化を拒否しなければなりません。そして教皇が呼びかけておられるように「金権主義から脱皮」しなければなりません。

聖書のことば

……子よ、思い出してみるがよい。お前は生きている間に良いものをもらっていたが、ラザロは反対に悪いものをもらっていた。今は、ここで彼は慰められ、お前はもだえ苦しむのだ。そればかりか、わたしたちとお前たちの間には大きな淵があって、ここからお前たちの方へ渡ろうとしてもできないし、そこからわたしたちの方に越えて来ることもできない。

（ルカ：16：25―26）

Message

8.

平和へのゆるぎない決心をし、心に深く誇りをもとう！

神のことばは平和の実りについて語っています（ガラテア：5：22）。平和は、人類の間により完全な正義をもたらされる神が望まれる秩序を追い求める日々の中で構築されるものです。

私自身のこれまでの体験から、アジアの宗教こそ世界に発信し得る豊かな宝をもっていると思います。今後アジアの諸宗教は一国にとどまらず国境を越えて多国籍共同体として、多くの国々で平和のために貢献できるようになるでしょう。

真の平和の建設のためには「共生」が不可欠です。この共生実現のためには次の4つが必要です。

① 共苦：compassion（com＝共に；passion＝苦しみ）人の苦しみを自分の痛みとし、水平の眼差しで対等の立場で分かち合うこと。聖書の「愛」とは人の苦しみを分かち合うために、自分の胆、内臓がねじれ煮えくり返るほどに感じるという意味で、沖縄の「チムグルサン：胆（チム）が苦しむ（グルサン）」が適訳（ちなみに「優しい」とは「憂い」の人のすぐそばにいる人の意味）。

② 関わり：豊かな関わり、関心をもつとき、はじめて、いのちは輝き、成長する。

③ 責任：responsibility（respond＝こたえる；ability＝能力）すべてのものにこたえていく能力のこと。

④ 理解：understand（under＝下に；stand＝立つ）下に立ってはじめて相手の身

になりそのそばに立つことができる。

すなわち以上①から④をもって、国家、宗教、民族の違いを認め、受け入れ、尊重して、互いを必要としつつ共に生きることをいいます。どの宗教であってもまた無神論者であっても、すべての人びとが協力し合って平和な世界を創り出すよう努めることが大切です。

日々このような努力を積み重ねることを通して教皇の招きにこたえ、「平和のゆるぎない決心をし、心に深い誇りをもつ」ことを大切にしたいと思います。

聖書のことば

……霊の結ぶ実は愛であり、喜び、平和、寛容、親切、善意、誠実、柔和、節制です。

（ガラテヤ：5：22―23）

Message

9.

聖母マリアにならい新しいつながり、連帯に向かって歩もう！

「マリアと共に歩み祈りましょう」

母なるおとめマリアよ、あなたは聖霊に促されいのちの言葉をその謙虚な信仰の奥底に受け入れ、永遠なる方にご自分を完全にゆだねられました。

私たちも「ハイ」と言えるように助けて下さい。

いのちをもたらす福音の母よ、私たちのために祈ってください。

教皇フランシスコと同じように私も幼い時からマリアさまに対して特別な敬愛と信心をもっていました。

父の仕事の関係で私が5歳の時、家族全員で中国青島に住むことになりました。すぐ隣りにマリア幼稚園があり、そこでマリアさまに祈るのが楽しみでした。私たちにとっては生活すべてにおいて「アヴェ・マリア」というマリアへの祈りがあり、それが力の源となっていたのです。この祈りはマリアへの親しい呼びかけで始まり、いつも見守って下さる母親の心に感謝をこめて留まる。それは実に大きな力、慰め、恵みです。

余談ですが、昔は「アヴェ・マリア」ではなく、「めでたし聖寵満ちみてるマリア……」と唱えていました。幼稚園の子どもたちが「どうしてマリアさまはいつも道をみてるの?」と聞いていました。今ではもうこの誤解は生じません。

教皇はマリアにならうことで「新しいつながり、連帯に向かって歩もう」と招いておられます。確かに今ふり返った「アヴェ・マリア」の祈り、そして「マグニフィカト」を通してパウロがローマ：8：31—39で述べているように、マリアが天の御父と共に御子キリストといっしょにすべてのものを賜らないはずはないのです。

すなわち新しいつながり、連帯に向かって歩んで行くことです。私たちすべての人間、人類を愛し救って下さる方からどのような被造物も私たちを引き離すことはできません。ここに教皇フランシスコの心のこもった招き、励ましのことばがあります。

聖書のことば

そこで、マリアは言った。「わたしの魂は主をあがめ、わたしの霊は救い主である神を喜びたたえます。身分の低い、この主のはしためにも目を留めてくださったからです。今から後、いつの世の人もわたしを幸いな者と言うでしょう、力ある方が、わたしに偉大なことをなさいましたから、その御名は尊く、その憐れみは代々に限りなく、主を畏れる者に及びます。主はその腕で力を振るい、思い上がる者を打ち散らし、権力ある者をその座から引き降ろし、身分の低い者を高く上げ、飢えた人を良い物で満たし、富める者を空腹のまま追い返されます。その僕イスラエルを受け入れて、憐れみをお忘れになりません、わたしたちの先祖におっしゃったとおり、アブラハムとその子孫に対してとこしえに。」

（ルカ：1：46—55）

おわりに

教皇フランシスコはくり返し「喜びなさい」と呼びかけて下さいます。自分の狭いワクに閉じこもるのではなく、外の人びとのところに、とくに貧しい人びと、悩み苦しんでいる人びとの現場に出向きなさいと呼びかけます。それは何か施しを授けるためではなく、貧しい人びとから学ぶために行くのです。

読者の皆さまはきっと本書を読み、教皇のこの呼びかけの真の意味を味わうことができるでしょう。

教皇フランシスコの奥行きの深いメッセージを多くの人びとに届けるために、今回も明石書店の方々にたいへんお世話になりました。

そして、筆者のためにいつも親切にお世話して下さる上石神井のロヨラ・ハウスの館長はじめヘルパーの皆さまに心から感謝申し上げます。

この方々の助けがあってはじめて教皇フランシスコの励まし、力、勇気を与えることばを信徒の方々に限らず、広く国内外の多くの方々に伝えることができました。

どうか神さまがこれら皆さまに豊かな恵み、祝福を与えて下さいますようお祈りいたします。

2015年5月15日

山田　經三

著者紹介

山田經三（やまだ・けいぞう）

1936年、神戸市生まれ。上智大学大学院哲学・神学・経済学修士、経済学博士課程修了。カトリック・イエズス会司祭。上智大学経済学部名誉教授。草の根レベルでアジア隣国やラテンアメリカの民衆・教会と連携し「解放の神学」を紹介してきた。現在、世界宗教者平和会議(WCRP) 日本委員会平和研究所所員。主な著書に、『教皇フランシスコ――「小さき人びと」に寄り添い、共に生きる』『解放の神学と日本』『現代世界における解放の神学』『経営倫理と組織・リーダーシップ』(以上、明石書店)、『アジアの隣人と共に生きる日本の教会』『二十一世紀の挑戦にこたえる教会』(以上、新世社) ほか多数。

教皇フランシスコ　喜びと感謝のことば

2015年6月12日　初版第1刷発行

著　者　山　田　經　三

発行者　石　井　昭　男

発行所　株式会社　明石書店

〒101-0021　東京都千代田区外神田6-9-5

電　話　03（5818）1171

ＦＡＸ　03（5818）1174

振　替　00100-7-24505

http://www.akashi.co.jp

装幀　明石書店デザイン室

印刷・製本　日経印刷株式会社

（定価はカバーに表示してあります）　ISBN978-4-7503-4194-1

教皇フランシスコ

「小さき人びと」に寄り添い、共に生きる

山田經三 著

四六判／並製／176頁 ◎1500円

2013年、史上初めて南米から選ばれたローマ教皇は、誰にでも気さくに接する人柄と慈しみあふれる言葉、質素さと謙遜に満ちた態度で、信者だけでなく世界中の人々を魅了している。新教皇のこれまでの歩みをその言葉とふるまい、そして世界からの反響をもとに綴る。

内容構成

I　バチカンの新たな息吹──教皇フランシスコの人柄と信仰

教皇フランシスコの選出／教会の前進のために／バチカンに新しい息吹をもたらす教皇／人びとの話をよく聴く霊的な人／ローマから伝わる新教皇選出の喜び／イエズス会員としての教皇／若者へのメッセージ／助けを最も必要とする人のために／羊のにおいと共に／少年院での洗足式／憎しみを愛に、報復をゆるしに／女性の重要な役割／聖書の本質的理解を促す／質素さこそ教皇の特徴／ほか

II　「神の民」と共に未来へ向かって──教皇とバチカン、そして世界

「小さき人びと」との連帯／ヨハネとフランシスコ──よく似た二人／第二バチカン公会議の新たな前進に向けて／就任1ヵ月、バチカンの改革に着手／第二バチカン公会議の実践／スキャンダル払拭への抜本改革／貧しさ、謙遜、単純さ／「出会いの文化」の促進／他宗教との対話・協力／【コラム】教皇が2013年の「今年の人」に／ほか

アメリカ福音派の歴史 聖書信仰にみるアメリカ人のアイデンティティ
明石ライブラリー 151 青木保憲 ◉4800円

女性たちが創ったキリスト教の伝統 聖母マリア マグダラの聖マリア ビンゲンのヒルデガルト アシジの聖クララ アビラの聖テレサ マザーテレサ……
テレサ・バーガー 著 廣瀬和代、廣瀬典生 訳 ◉5800円

ユダヤ教・キリスト教・イスラームは共存できるか 一神教世界の現在
明石ライブラリー 124 森孝一 編 同志社大学一神教学際研究センター 企画 ◉4000円

神の国アメリカの論理 宗教右派によるイスラエル支援、中絶・同性結婚の否認
上坂 昇 ◉2800円

イタリアを知るための62章【第2版】
エリア・スタディーズ 2 村上義和 編著 ◉2000円

イタリアを旅する24章
エリア・スタディーズ 96 内田俊秀 編著 ◉2000円

ドイツに生きたユダヤ人の歴史 フリードリヒ大王の時代からナチズム勃興まで
世界歴史叢書 アモス・エロン 著 滝川義人 訳 ◉6800円

法廷の中のアーミッシュ 国家は法で闘い、アーミッシュは聖書で闘う
大河原眞美 ◉2800円

〈価格は本体価格です〉